TÁ TUDO UMA MERD*

TÍTULO ORIGINAL *Everything Sucks: A Gratitude Journal For People Who Have Been Through Some Sh*t*
© 2019 Callisto Media, Inc.
All rights reserved. First published in English by Rockridge Press, an imprint of Callisto Media, Inc.
© 2020 VR Editora S.A.

DIREÇÃO EDITORIAL Marco Garcia
EDIÇÃO Thaíse Costa Macêdo
PREPARAÇÃO Natália Chagas Máximo
REVISÃO Fabiane Zorn
DIAGRAMAÇÃO Pamella Destefi e Victor Malta
ADAPTAÇÃO DE CAPA Victor Malta
DESIGN DE CAPA E MIOLO Tina Besa
ILUSTRAÇÕES © Creative Market, © DesignCuts e © Shutterstock

Dados Internacionais de Catalogação na Publicação (CIP)
(Câmara Brasileira do Livro, SP, Brasil)

Reese, Tiffany
    Tá tudo uma merd* : um diário da gratidão para quem já passou por poucas e boas nessa vida / Tiffany Reese ; tradução Lavínia Fávero. – 1. ed. – Cotia, SP : VR Editora, 2020.

    Título original: Everything Sucks
    ISBN 978-65-86070-28-6

    1. Autoajuda 2. Felicidade 3. Gratidão (Psicologia)
4. Psicologia 5. Superação I. Fávero, Lavínia. II. Título.

20-49791   CDD-158

Índices para catálogo sistemático:
1. Autoajuda : Felicidade : Psicologia aplicada 158
Aline Graziele Benitez - Bibliotecária - CRB-1/3129

Todos os direitos desta edição reservados à
VR EDITORA S.A.
Via das Magnólias, 327 – Sala 01 | Jardim Colibri
CEP 06713-270 | Cotia | SP
Tel.| Fax: (+55 11) 4702-9148
vreditoras.com.br | editoras@vreditoras.com.br

TÁ TUDO UMA MERD*

UM

DIÁRIO DA GRATIDÃO

Para Quem Já Passou Por Poucas e Boas Nessa Vida

TIFFANY REESE

TRADUÇÃO
LAVÍNIA FÁVERO

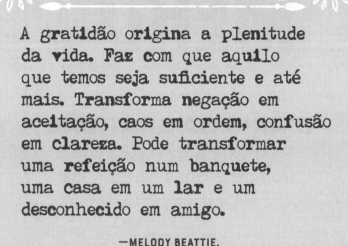

A gratidão origina a plenitude da vida. Faz com que aquilo que temos seja suficiente e até mais. Transforma negação em aceitação, caos em ordem, confusão em clareza. Pode transformar uma refeição num banquete, uma casa em um lar e um desconhecido em amigo.

—MELODY BEATTIE,
ESCRITORA

ESTE DIÁRIO FODÁSTICO
PERTENCE A

QUEM TÁ A FIM DE AGRADECER?!

Então, você comprou um diário de gratidão chamado *Tá tudo uma merd*, hein?* Já vamos falar desse assunto. Antes, gratidão. E este é meu TOP 10:

- ✤ meu marido
- ✤ meus três filhos
- ✤ família
- ✤ amigos
- ✤ refil grátis de bebidas
- ✤ música
- ✤ podcasts sobre assassinatos
- ✤ café
- ✤ caixa de supermercado sem fila
- ✤ três sinais verdes seguidos
- ✤ café, de novo
- ✤ justiça social
- ✤ plantas
- ✤ chocolates
- ✤ amizades entre animais de diferentes espécies
- ✤ livros
- ✤ Ver filmes e séries por *streaming*

Você deve ter notado que o meu TOP 10, na verdade, tem 18 itens. Tem horas em que a gratidão simplesmente flui – e eu aconselho você a fazer exatamente isso.

Descobri a prática da gratidão – e todos os seus benefícios – lutando para combater traumas de infância, ansiedade e depressão. Luto com minha saúde mental desde que me conheço por gente. Fui criada por pais alcoólatras – ambos com transtornos de personalidade. A vida inteira eu ouvi que era inferior. Que eu não era magra, inteligente, quieta, bonita ou boa o suficiente. Sobreviver a essa infância repleta de abuso físico e emocional foi difícil – e era só isso que eu conhecia. Eu me formei cedo no Ensino Médio e fui para a faculdade com 17 anos, a fim de me distanciar do caos da minha família. Pouco depois, meus pais se separaram porque meu pai foi preso. E eu me senti isolada e cheia de ressentimento. E também senti um desejo profundo de ser amada.

Com 23 anos, eu me tornei mãe. Menos de dois anos depois, meu irmão foi assassinado. Minha saúde mental atingiu o fundo do poço. A ideia de "praticar a gratidão" num momento de tanta dor e escuridão quase me pareceu uma piada doentia. Mas me dei conta de que precisava me concentrar na maternidade e deixar que o amor pelos meus filhos e pelo meu marido impulsionasse minha recuperação.

Eu tinha certeza de que nunca permitiria que meus filhos fossem expostos às circunstâncias, às ideias e aos ambientes aos quais eu fui exposta quando era criança. Tinha certeza de que precisava cuidar de mim para poder cuidar deles. Procurei profissionais. Eu comecei a estabelecer limites para os outros e também a me libertar da codependência. Comecei a tomar remédio para a depressão e a tratar melhor o meu corpo e a minha mente.

Quando passei a me valorizar mais, comecei a entender que a minha infância não precisava ditar a minha fase adulta. Ironicamente, depois de me afastar da minha família por opção própria, pude gostar mais dela. Descobri que não tem nada de errado em dar adeus a alguém apesar de ainda amar essa pessoa. Fui capaz de aceitar a minha família a distância, sem sentir falta dela. Concentrei minhas energias no tempo que pude conviver com meu irmão em vez de só pensar no luto e no sofrimento.

Mudei o foco. Em vez de ficar perguntando: "por que isso acontece comigo?", "e se?" e "que merda é essa?", passei a valorizar o crescimento que as dificuldades proporcionam. Mesmo que, às vezes, a luta com a minha saúde mental e a minha família biológica façam eu me sentir impotente, praticar a gratidão me ajuda a lembrar de quem eu sou, do que sou capaz e do que realmente importa. É tipo o superpoder mais chato, mas mais profundamente terapêutico do mundo.

Este diário foi feito para pessoas que estão em busca da gratidão e que já passaram – ou estão passando – por dificuldades para sobreviver. Ao contrário da maioria dos diários de gratidão, que sufocam as pessoas com um excesso de beijos de luz e borboletas, eu quis criar um diário que lhe permitisse ser você de verdade – aquela pessoa que fala palavrão e perde a paciência. Não aquela de mentira, que come acelga e escreve em diários tão sérios que chega a ser bizarro.

Dedico este livro ao Michael, meu marido e melhor amigo, e aos nossos três filhos incríveis: Jude, Ruby e Ozzy. Sou eternamente grata pelo amor, pela alegria e pela ansiedade que vocês trazem à minha vida.

ENTÃO, QUE MERD* É ESSA DE GRATIDÃO E COMO ESTE DIÁRIO VAI ME AJUDAR A ENCONTRAR ISSO?

Gratidão é a capacidade de agradecer – de estar disposto a reconhecer e a retribuir a bondade recebida. Cultivar a gratidão tem ligação direta – e isso é cientificamente comprovado – com a satisfação em relação à própria vida e com a felicidade. Pesquisas mostram que manter um diário da gratidão pode melhorar significativamente a saúde mental e o bem-estar, mesmo quando sua vida parece um verdadeiro inferno do capeta virado no jiraya. Quem pratica a gratidão regularmente tem sentimentos positivos de modo geral, dorme melhor, expressa mais compaixão e bondade, tem um sistema imunológico mais forte e, provavelmente, não tem atitudes escrotas e mal-humoradas com a mesma frequência de quem não a pratica. Não há nenhuma contraindicação em cultivar o reconhecimento, a menos que você odeie coisas como dormir bem e se sentir feliz.

Ok, combinado então, você tá dentro. Mas como é a prática da gratidão, na real? É mudar o foco: parar de olhar para o que deu errado e olhar para o que deu certo. É lembrar, com gentileza, que um dia sonhamos estar onde estamos *agora*. É ver o lado bom de um monte de merda (ela melhora a qualidade do solo!).

COMO USAR ESTE LIVRO
(*SPOILER*: SÉRIO, AMIGUE?!)

Este diário é livre de julgamentos – pode usar como bem entender. Você pode até jogar o livro longe, se quiser. A vida é corrida, e você não precisa de mais uma coisa que te traga culpa. Cada pergunta ou afirmação de incentivo foi pensada para suscitar uma reflexão de cinco minutos por dia. Mas você também pode escrever aqui com menos frequência. Fique à vontade para começar em qualquer página e pular outras. Rabisque ou desenhe bundas se isso ajudar. Não existem regras.

Somos humanos. Vamos ter outros sentimentos que não o de gratidão quando refletirmos sobre as merdas difíceis que acontecem na vida. Que bom! Isso significa que você está se permitindo sentir. Trate-se com sinceridade e processe o que for preciso antes de passar para a gratidão. Ninguém disse que o processo precisa ser bonito.

Qualquer pessoa pode buscar a gratidão, não importa como sua vida esteja no momento. Espero que este diário seja uma fonte de calma, crescimento e alegria – para você conseguir encarar qualquer chuva de merda que se abater sobre você.

DIA | MÊS | ANO

A esta altura, você já deve ter visto a palavra "gratidão" tantas vezes que ela perdeu todo o sentido. O que "gratidão" significa para você?

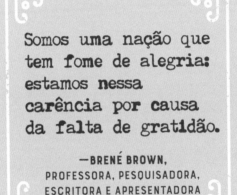

> Somos uma nação que tem fome de alegria: estamos nessa carência por causa da falta de gratidão.
>
> —BRENÉ BROWN,
> PROFESSORA, PESQUISADORA,
> ESCRITORA E APRESENTADORA
> DE *PODCAST*

DIA | MÊS | ANO

Como você define autocuidado? Quais são suas três maneiras preferidas de demonstrar aquele amor a mais por você?

DIA | MÊS | ANO

O que te torna uma pessoa única e por que isso é fodástico?

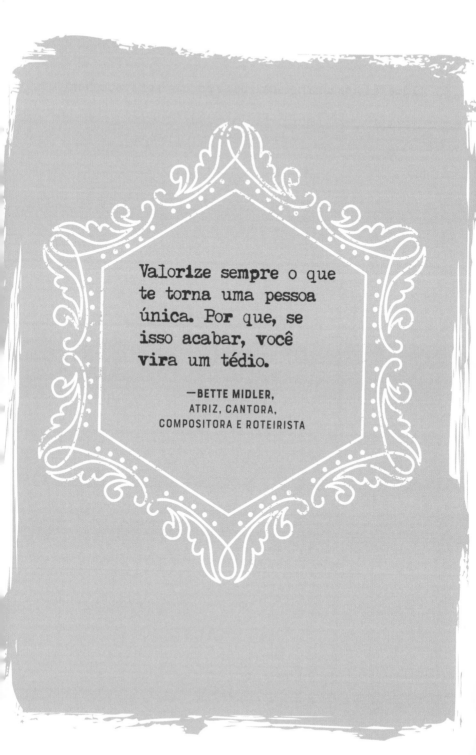

Valorize sempre o que te torna uma pessoa única. Por que, se isso acabar, você vira um tédio.

—BETTE MIDLER,
ATRIZ, CANTORA,
COMPOSITORA E ROTEIRISTA

DIA | MÊS | ANO

Quem te dá atenção e cuidado emocional, ouve o que você tem a dizer, sem que você precise pagar por isso?

Aprendemos sobre **gratidão** e **humildade** — que tanta gente contribuiu para o nosso sucesso, dos **professores** que nos **inspiraram** aos **faxineiros** que mantinham nossa escola **limpa**... e nos ensinaram a **valorizar** a importância de cada um e a tratar todos com **respeito**.

—MICHELLE OBAMA,
ADVOGADA, ESCRITORA E
EX-PRIMEIRA-DAMA DOS ESTADOS UNIDOS

DIA | MÊS | ANO

Quais são as cinco coisas (legalmente permitidas) que você mais gosta de fazer para relaxar?

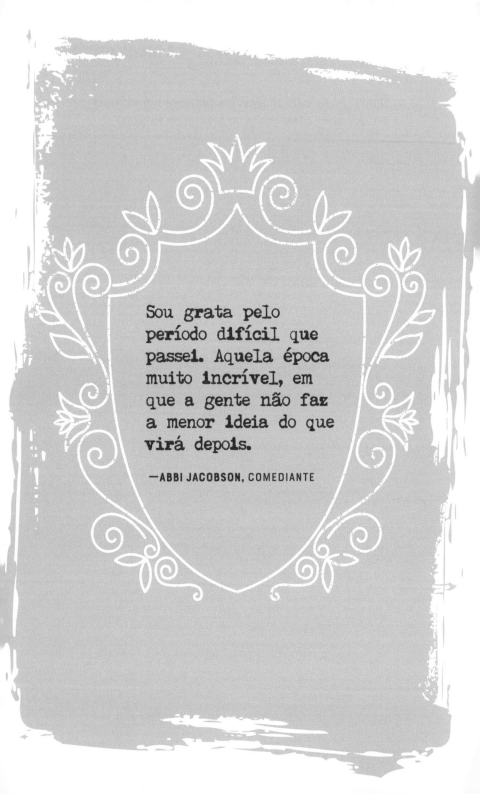

> Sou grata pelo período difícil que passei. Aquela época muito incrível, em que a gente não faz a menor ideia do que virá depois.
>
> —ABBI JACOBSON, COMEDIANTE

DIA | MÊS | ANO

Além de peidar e transar, pelo que mais você gostaria de agradecer ao seu corpo?

DIA | MÊS | ANO

Quais lembranças da sua infância mais merecem a sua gratidão?

Escolha o que traz amor e alegria ao seu corpo. Não tem nada a **ver** com perfeição. Tem a **ver** com amor e gratidão por esse **corpo** incrível que dá o maior duro e **merece** o seu **respeito**.

—ALYSIA REINER,
ATRIZ

DIA | MÊS | ANO

Das pessoas que fazem parte da sua vida, quem está arrasando nesse lance de gratidão? Como essas pessoas te inspiram a ser alguém melhor?

DIA | MÊS | ANO

O que você sabe sobre si hoje – mas não sabia um ano atrás – e que merece a sua gratidão?

> Gratidão é riqueza.
> Reclamação é pobreza.
>
> —DORIS DAY,
> ATRIZ, CANTORA E ATIVISTA

DIA | MÊS | ANO

Tirando seu gosto impecável no quesito diários da gratidão, qual sua melhor característica em termos de personalidade?

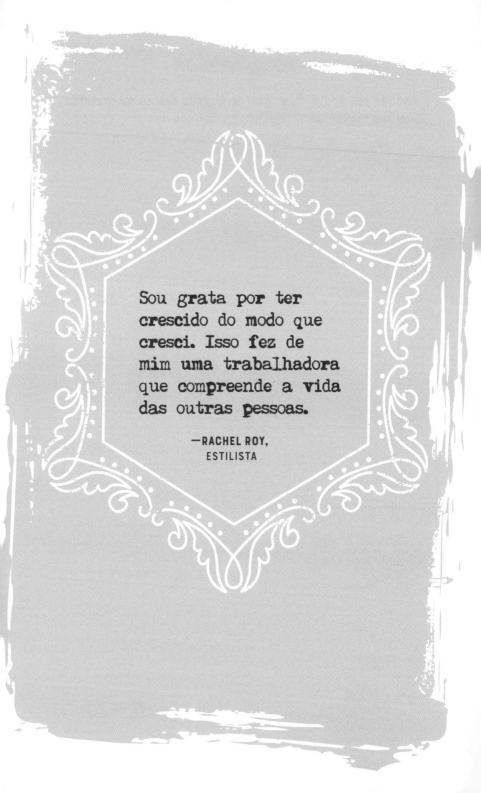

Sou grata por ter crescido do modo que cresci. Isso fez de mim uma trabalhadora que compreende a vida das outras pessoas.

—RACHEL ROY,
ESTILISTA

DIA | MÊS | ANO

O que você anda fazendo hoje para ser mais gentil com o seu corpo, e que não fazia há um ano? Como você anda demonstrando para o seu corpo que gosta dele (e não que acha que ele não passa de um saco de pele cheio de ossos)?

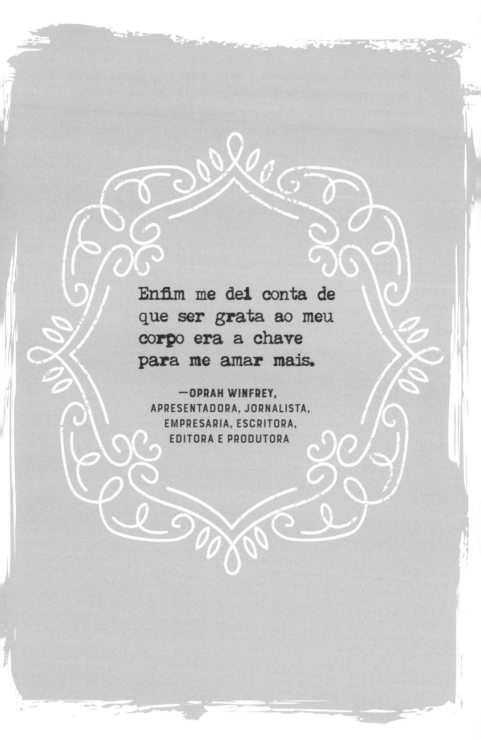

Enfim me dei conta de que ser grata ao meu corpo era a chave para me amar mais.

—OPRAH WINFREY,
APRESENTADORA, JORNALISTA,
EMPRESÁRIA, ESCRITORA,
EDITORA E PRODUTORA

DIA | MÊS | ANO

Se você tivesse que criar uma trilha sonora com as músicas que mudaram a sua vida, quais escolheria? Pessoas esnobes que julgam as outras pelo gosto musical jamais verão essa lista.

DIA | MÊS | ANO

Quem te acha uma lindeza – mesmo quando você está se sentindo só o bagaço da laranja?

Quanto mais se faz, se vê e se sente, mais se é capaz de fazer e mais genuíno é o proveito de coisas fundamentais como o seu próprio lar e o amor, a compreensão e o companheirismo.

—AMELIA EARHART,
AVIADORA

DIA | MÊS | ANO

Cite três tarefas terríveis sobre as quais deve parar de reclamar porque, sinceramente, você tem sorte de poder se preocupar com elas.

Temos que encher nosso **coração** de gratidão. A gratidão torna tudo o que temos mais do que suficiente.

—SUSAN L. TAYLOR, EDITORA E JORNALISTA

DIA | MÊS | ANO

Com quem você tem uma amizade mais forte? O que essa
pessoa entende em você que ninguém mais entende?

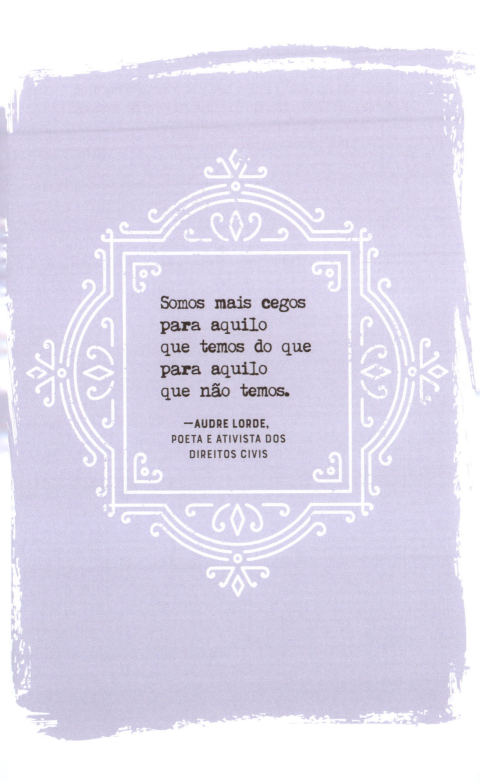

> Somos mais cegos para aquilo que temos do que para aquilo que não temos.
>
> —AUDRE LORDE,
> POETA E ATIVISTA DOS DIREITOS CIVIS

DIA | MÊS | ANO

Quais são os seus maiores talentos e as suas maiores habilidades? (Juro que não é uma entrevista de emprego.)

DIA | MÊS | ANO

Ainda que essa pessoa tenha feito uma grande merda,
quem você precisa perdoar? Você sente que já está
bem para fazer isso? O que esta relação te ensinou?

DIA | MÊS | ANO

Do que você tem medo, mas poderia aprender a gostar? (Tirando aranhas. Credo.)

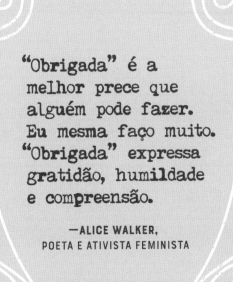

"Obrigada" é a melhor prece que alguém pode fazer. Eu mesma faço muito. "Obrigada" expressa gratidão, humildade e compreensão.

—ALICE WALKER,
POETA E ATIVISTA FEMINISTA

DIA | MÊS | ANO

O que faz você se sentir como uma Beyoncé?

Cultivando a gratidão,
uma hora você acaba
expandindo seu senso do
que é possível, apesar
dos aparentes obstáculos
e desafios que encontrar.

—VERONICA SMITH, ESCRITORA

DIA | MÊS | ANO

Aqui e agora, de que problema você mais gosta?
(Este é um bom momento para atirar este diário longe.)

O **verdadeiro**
perdão é quando
a gente pode dizer:
"obrigada por esta
experiência".

—OPRAH WINFREY,
APRESENTADORA, JORNALISTA,
EMPRESÁRIA, ESCRITORA,
EDITORA E PRODUTORA

DIA | MÊS | ANO

Que segredo você fica feliz por guardar?

DIA | MÊS | ANO

Tirando a questão da grana, do que você gosta no seu trabalho?

> É impossível sentir gratidão e depressão ao mesmo tempo.
>
> —NAOMI WILLIAMS, ESCRITORA

DIA | MÊS | ANO

Qual merda aconteceu na sua vida que foi mais difícil de superar? Como essa experiência te fortaleceu?

> ... **viver** em um estado de **gratidão** é o **caminho** para **alcançar** o estado de **graça.**
>
> —ARIANNA HUFFINGTON, JORNALISTA E ESCRITORA

DIA | MÊS | ANO

Liste as cinco coisas que você mais gosta do seu cantinho (ou do seu lar).

Quando era criança, eu não sabia o que eu não tinha. Sou grata pelas dificuldades que enfrentei logo no início da vida, porque agora vejo o mundo de outra perspectiva e... sei o que realmente importa.

—AMERICA FERRERA, ATRIZ

DIA | MÊS | ANO

Qual é a sua tradição familiar cafona preferida (vale citar algum feriado também!)?

DIA | MÊS | ANO

Como você pode demonstrar mais gratidão à sua família
(biológica ou de coração) pelo impacto que ela teve na sua
vida (mesmo que essa galera seja absolutamente irritante)?

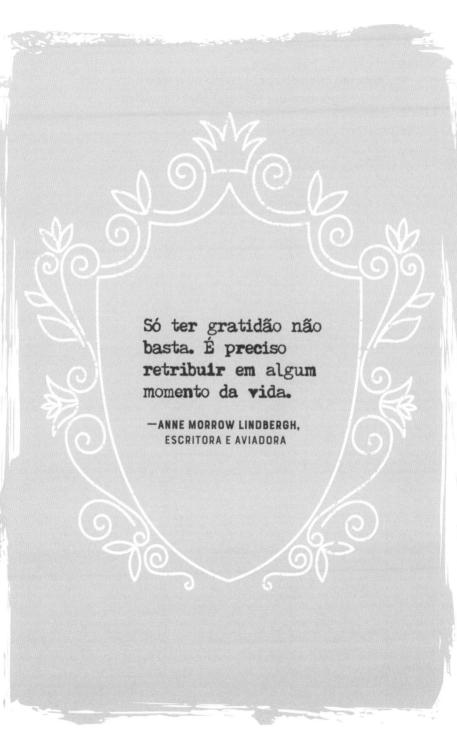

> Só ter gratidão não basta. É preciso **retribuir** em algum momento da **vida**.
>
> —ANNE MORROW LINDBERGH,
> ESCRITORA E AVIADORA

DIA | MÊS | ANO

Cite um cuidado com a saúde ou remédio que você agradece por ter condições de usufruir.

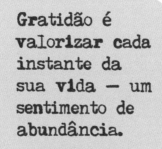

Gratidão é **valorizar** cada instante da sua **vida** — um sentimento de abundância.

—BRENDA NATHAN,
ESCRITORA

DIA | MÊS | ANO

Quem te faz rir até quase fazer xixi na calça?

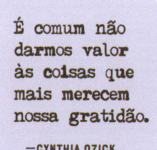

É comum não darmos valor às coisas que mais merecem nossa gratidão.

—CYNTHIA OZICK,
ESCRITORA

DIA | MÊS | ANO

Cite as contas e boletos (deste mês, deste ano, da vida) que você agradece por conseguir pagar.

DIA | MÊS | ANO

Se você tivesse que criar uma cápsula do tempo pessoal – que ninguém nunca visse –, o que colocaria nela?

Não é a felicidade que nos traz gratidão. É a gratidão que nos traz felicidade.

—ANÔNIMO

DIA | MÊS | ANO

Quais são os três elogios mais inesquecíveis que você já recebeu?

> Quando focamos na gratidão, a maré de decepção baixa e a maré de amor logo sobe.
>
> —KRISTIN ARMSTRONG, CICLISTA, MEDALHISTA OLÍMPICA E ESCRITORA

DIA | MÊS | ANO

Quais são as três coisas que você adora na sua aparência?

Quero agradecer aos meus pais por terem me criado com uma autoconfiança desproporcional à minha beleza e às minhas capacidades. Parabéns. É isso que todos os pais deveriam fazer.

—TINA FEY,
ATRIZ, ESCRITORA
E PRODUTORA

DIA | MÊS | ANO

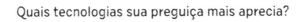

Quais tecnologias sua preguiça mais aprecia?

DIA | MÊS | ANO

Cite algo pelo qual alguém te perdoou e você jamais vai se esquecer (e, provavelmente, nunca contará para alguém).

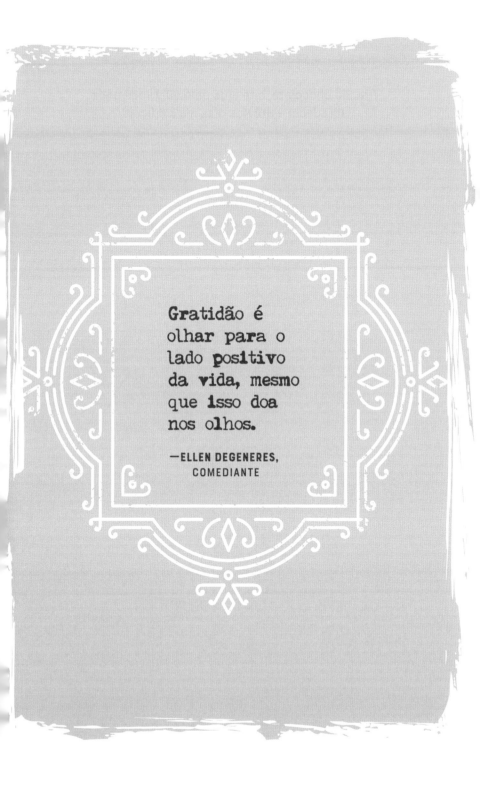

> Gratidão é olhar para o lado positivo da vida, mesmo que isso doa nos olhos.
>
> —ELLEN DEGENERES, COMEDIANTE

DIA | MÊS | ANO

Tirando chocolate, cite algo pelo qual você pode agradecer – até nos dias mais difíceis.

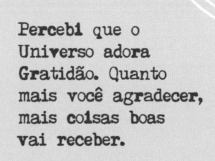

Percebi que o Universo adora Gratidão. Quanto mais você agradecer, mais coisas boas vai receber.

—LOUISE HAY,
ESCRITORA

DIA | MÊS | ANO

Se alguém tivesse que descrever sua personalidade, o que diria? Você concordaria com essa pessoa?

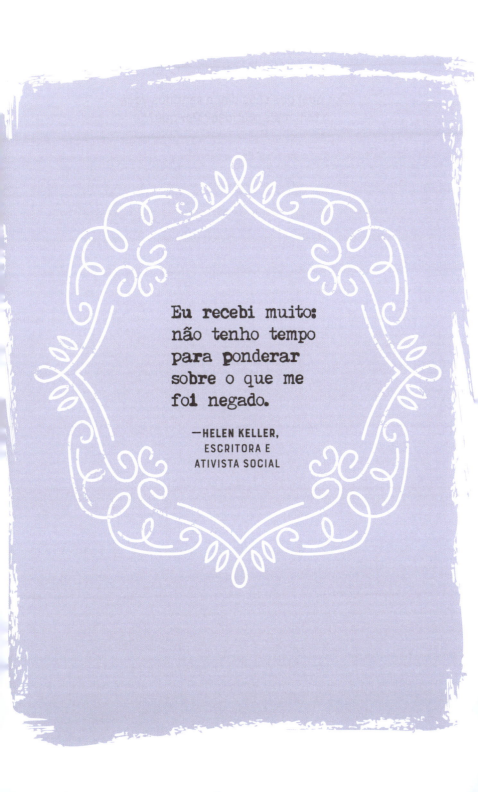

> Eu recebi muito:
> não tenho tempo
> para ponderar
> sobre o que me
> foi negado.
>
> —HELEN KELLER,
> ESCRITORA E
> ATIVISTA SOCIAL

DIA | MÊS | ANO

Por qual dos seus cinco sentidos você tem mais gratidão? Por quê?

DIA | MÊS | ANO

Cite os livros que levaria para uma ilha deserta.
O que você aprendeu sobre si ao ler essas histórias?

Minha gratidão por quem escreve bem é ilimitada. Sou grata por isso tanto quanto sou grata pelo mar.

—**ANNE LAMOTT**, ESCRITORA, PALESTRANTE E ATIVISTA POLÍTICA

DIA | MÊS | ANO

Entre as viagens que você já fez, quais são suas três preferidas?

> Quanto mais gratidão sinto, mais beleza vejo.
>
> —MARY DAVIS, ATIVISTA DOS DIREITOS DAS PESSOAS COM DEFICIÊNCIA E EX-CEO DAS PARAOLIMPÍADAS

DIA | MÊS | ANO

Em que ocasião (ou ocasiões) você sente mais segurança e mais cuidado por parte de outra pessoa?

DIA | MÊS | ANO

Qual traço da sua personalidade você acha mais difícil de aceitar ou perdoar? Como isso tem sido um ponto forte na sua vida?

Minhas meias até podem ter um pé de cada cor, mas meus pés estão sempre quentinhos.

—MAUREEN MCCULLOUGH, ATRIZ

DIA | MÊS | ANO

Como você pode ser uma pessoa menos imbecil com a Mãe Natureza? Que parte do meio ambiente te faz ficar completamente *zen*?

A vida é preciosa e, quando a gente já perdeu muitas pessoas, se dá conta de que cada dia é uma dádiva.

—MERYL STREEP,
ATRIZ

DIA | MÊS | ANO

Qual foi a melhor surpresa que você já teve na vida – que não tenha a ver com um teste de gravidez?

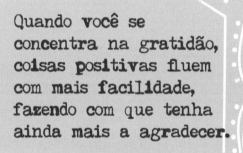

> Quando **você** se **concentra** na gratidão, **coisas positivas** fluem com mais **facilidade**, **fazendo** com que tenha ainda mais a agradecer.
>
> —LISSA RANKIN,
> MÉDICA E ESCRITORA

DIA | MÊS | ANO

O que te inspira a ser uma pessoa melhor sem te dar, tipo, uma vergonhinha?

DIA | MÊS | ANO

O que você já teve medo de fazer, mas pela qual valeu
a pena passar por todo o stress fodido de realizar?

Meus pais são os mais legais do mundo, em todos os sentidos, porque **valorizam** profundamente cada instante de suas vidas.

—RASHIDA JONES, ATRIZ, MUSICISTA, ROTEIRISTA E PRODUTORA

DIA | MÊS | ANO

Qual foi o ponto alto do seu dia? E da semana? Pode ser uma coisa bem simples, tipo um lanche gostoso.

DIA | MÊS | ANO

Cite sua maneira preferida de elogiar alguém como pretexto para se exibir.

DIA | MÊS | ANO

Você tem vergonha de alguma parte do seu corpo?
Qual é a função dessa parte do seu corpo na sua vida?

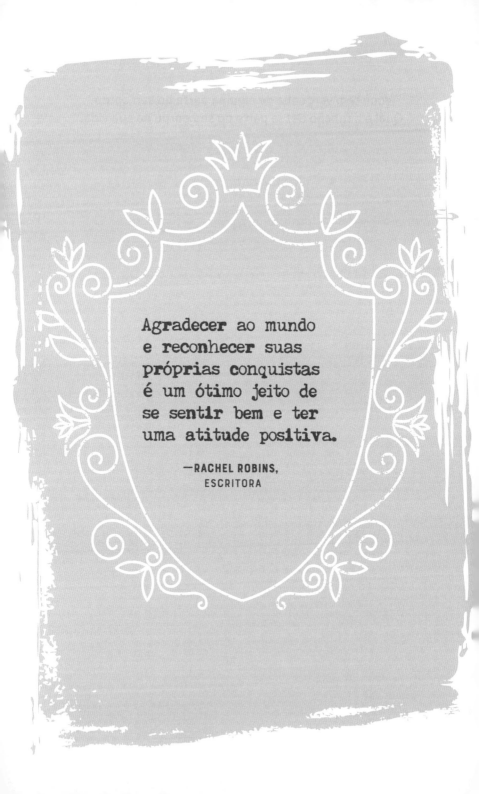

> **Agradecer** ao mundo e **reconhecer** suas próprias conquistas é um ótimo jeito de se sentir bem e ter uma atitude positiva.
>
> —RACHEL ROBINS,
> ESCRITORA

DIA | MÊS | ANO

Que conhecimento você não aprendeu com o Google e agradece por tê-lo?

DIA | MÊS | ANO

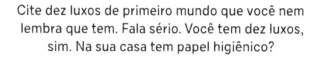

Cite dez luxos de primeiro mundo que você nem lembra que tem. Fala sério. Você tem dez luxos, sim. Na sua casa tem papel higiênico?

Seja grato pelo que **você**
tem: **você vai** acabar
tendo mais. Se a gente se
concentra no que não tem,
nunca, jamais, vai ter o
suficiente.

—OPRAH WINFREY,
APRESENTADORA, JORNALISTA,
EMPRESÁRIA, ESCRITORA, EDITORA
E PRODUTORA

DIA | MÊS | ANO

De que jeitos novos (e saudáveis) você consegue praticar
o autocuidado? Quem é que pode estar ao seu lado nessa
e cobrar isso de você? (Tem que ser um ser humano.)

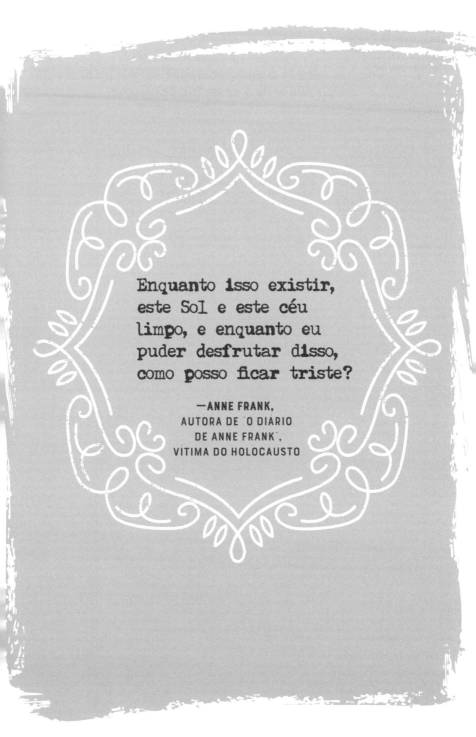

Enquanto isso existir, este Sol e este céu limpo, e enquanto eu puder desfrutar disso, como posso ficar triste?

—ANNE FRANK,
AUTORA DE "O DIÁRIO
DE ANNE FRANK",
VÍTIMA DO HOLOCAUSTO

DIA | MÊS | ANO

Cite três eventos que você mal pode esperar para ir e que não te façam suar frio de nervoso.

DIA | MÊS | ANO

Conte uma ocasião em que uma pessoa desconhecida
teve um impacto positivo na sua vida. O que
você gostaria de dizer para essa pessoa?

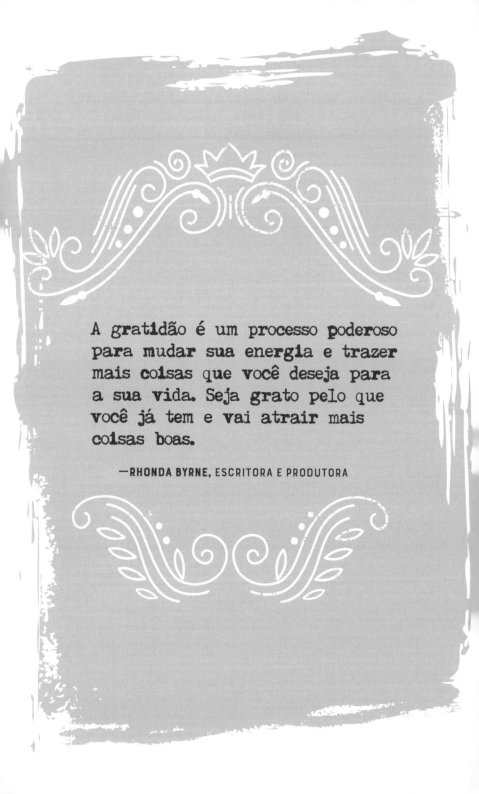

> A gratidão é um processo poderoso para mudar sua energia e trazer mais coisas que você deseja para a sua vida. Seja grato pelo que você já tem e vai atrair mais coisas boas.
>
> —RHONDA BYRNE, ESCRITORA E PRODUTORA

DIA | MÊS | ANO

O que você pode fazer por alguém que te traz mais satisfação?

DIA | MÊS | ANO

Tirando coisas do tipo "para de arrancar essa sobrancelha", que conselho você daria para seu eu adolescente?

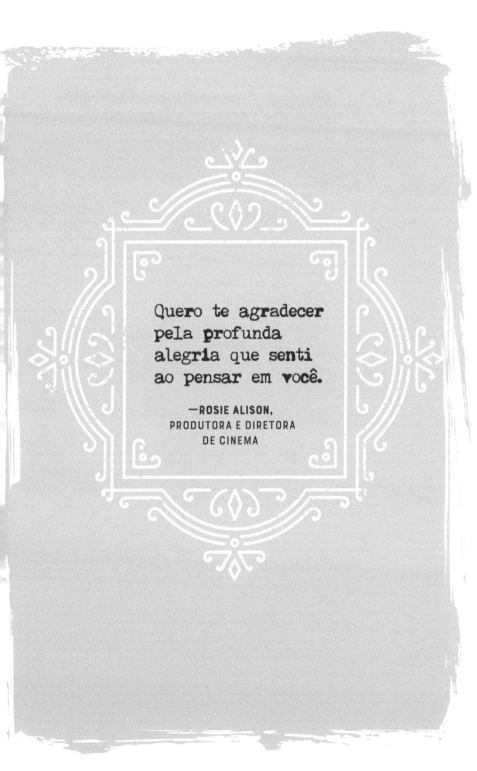

> Quero te agradecer pela profunda alegria que senti ao pensar em você.
>
> —ROSIE ALISON, PRODUTORA E DIRETORA DE CINEMA

DIA | MÊS | ANO

Qual foi a lição de vida mais valiosa que você aprendeu no ano passado? E nos últimos cinco anos?

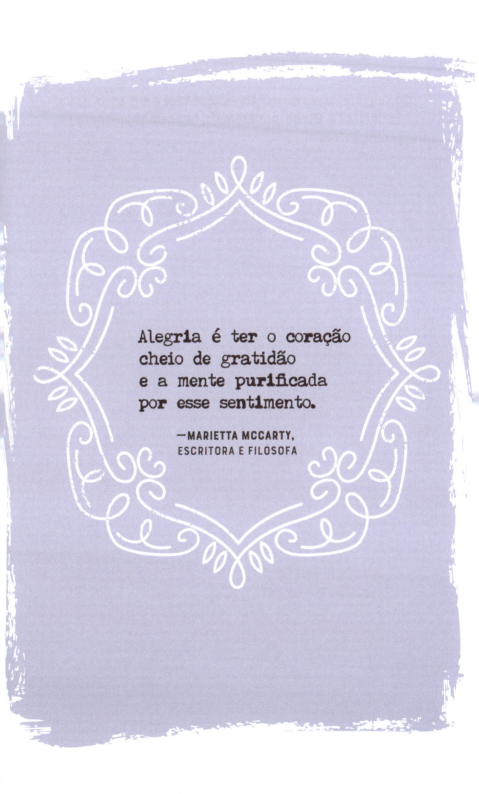

DIA | MÊS | ANO

Quais professores ou mentores você teve e merecem a sua
gratidão? A Oprah, por exemplo, também superconta.

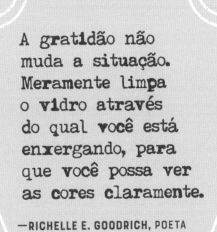

A gratidão não muda a situação. Meramente limpa o vidro através do qual você está enxergando, para que você possa ver as cores claramente.

—RICHELLE E. GOODRICH, POETA

DIA | MÊS | ANO

Cite uma coisa difícil que você fez pela primeira vez
recentemente. Como realizar isso fez você se sentir?

DIA | MÊS | ANO

Qual a sua contribuição para a vida de outras pessoas que merece a gratidão delas?

É preciso aceitar tudo o que vem pela frente. Só importa encarar tudo com coragem e com o que você tem de melhor a oferecer.

—ELEANOR ROOSEVELT,
DEFENSORA DOS DIREITOS HUMANOS
E EX-PRIMEIRA-DAMA DOS ESTADOS UNIDOS

DIA | MÊS | ANO

Qual foi a lição profissional mais difícil ou mais cara que você já teve?

> A gente simplesmente vai aprendendo com o tempo.
>
> —CARDI B, *RAPPER*

DIA | MÊS | ANO

Faça uma lista de 10 partes do seu corpo (internas ou externas) que merecem a sua gratidão. Ao lado de cada uma, escreva a função que essa parte tem na sua vida. Dar apelidos para elas é opcional.

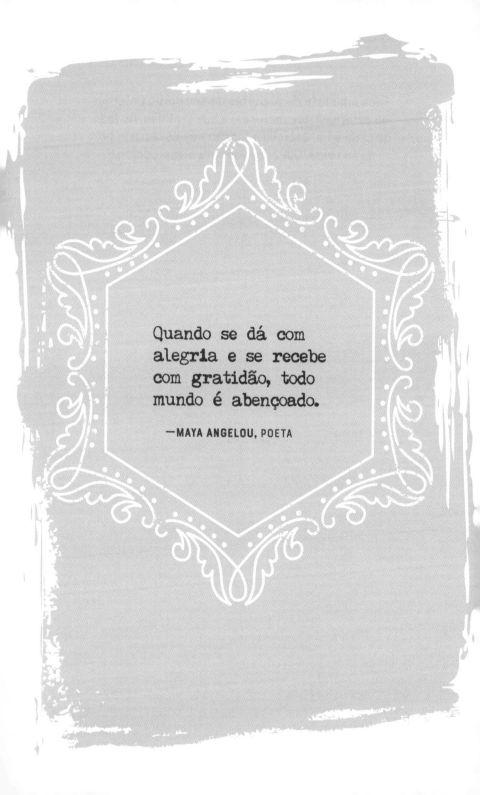

> Quando se dá com alegria e se recebe com gratidão, todo mundo é abençoado.
>
> —MAYA ANGELOU, POETA

DIA | MÊS | ANO

Como gostaria que os outros lembrassem de você quando não estiver mais neste mundo?

DIA | MÊS | ANO

Que aparência, que sensação e que som tem o seu amor incondicional?

Sempre olhe para tudo como se estivesse vendo pela primeira ou pela última vez: é assim que sua passagem pela Terra será repleta de glória.

—BETTY SMITH, ESCRITORA

DIA | MÊS | ANO

Como você começa e termina seu dia?
O que te traz paz nessas rotinas?

DIA | MÊS | ANO

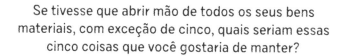

Se tivesse que abrir mão de todos os seus bens materiais, com exceção de cinco, quais seriam essas cinco coisas que você gostaria de manter?

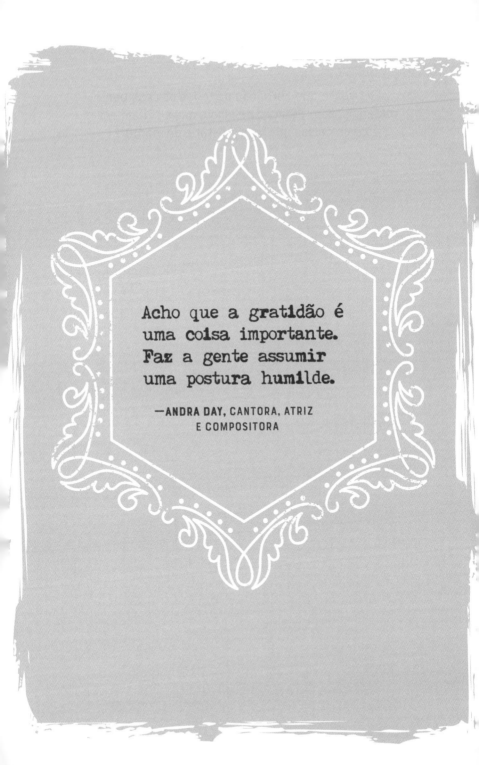

Acho que a gratidão é uma coisa importante. Faz a gente assumir uma postura humilde.

—ANDRA DAY, CANTORA, ATRIZ E COMPOSITORA

DIA | MÊS | ANO

Quem são as três pessoas da sua vida por quem você faria qualquer coisa?

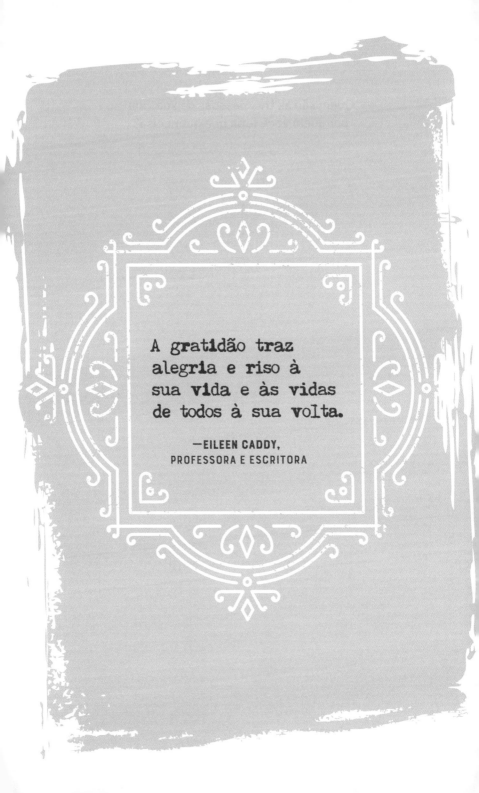

A gratidão traz alegria e riso à sua vida e às vidas de todos à sua volta.

—EILEEN CADDY,
PROFESSORA E ESCRITORA

DIA | MÊS | ANO

Tirando *Anaconda*, quais são os três filmes que mais impactaram a sua vida?

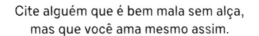

DIA | MÊS | ANO

Cite alguém que é bem mala sem alça,
mas que você ama mesmo assim.

DIA | MÊS | ANO

Se seu corpo falasse, o que ele diria (além de: "mais pizza, por favor")?

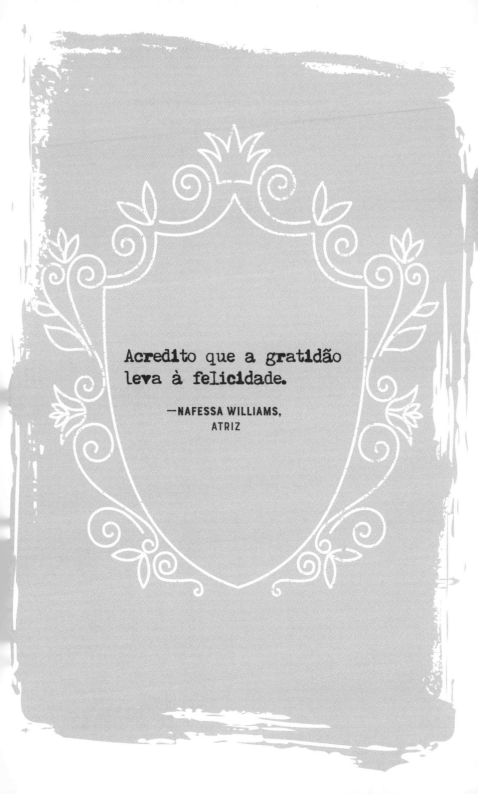

Acredito que a gratidão leva à felicidade.

—NAFESSA WILLIAMS,
ATRIZ

DIA | MÊS | ANO

Quais são as coisas estressantes pra caralh* que fazem parte da sua vida neste momento e que merecem sua gratidão?

DIA | MÊS | ANO

Quais são seus prazeres preferidos, daqueles
que dão culpa? Quer saber? Que se fod* a culpa.
Conte quais são seus prazeres preferidos.

DIA | MÊS | ANO

Quem foi a pessoa que você perdeu pela qual ainda está de luto? Qual é a contribuição dessa pessoa na sua vida que merece a sua gratidão?

Ainda tenho saudade das pessoas que amei e não estão mais comigo, mas percebo que sou grata por tê-las amado. A gratidão, finalmente, venceu a dor da perda.

—RITA MAE BROWN,
ESCRITORA E ATIVISTA FEMINISTA

DIA | MÊS | ANO

Quem são as pessoas que realmente te apoiam e ficam felizes de verdade quando você está mandando muito bem?

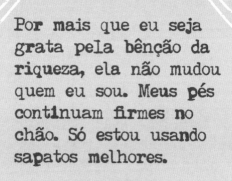

Por mais que eu seja grata pela bênção da riqueza, ela não mudou quem eu sou. Meus pés continuam firmes no chão. Só estou usando sapatos melhores.

—OPRAH WINFREY,
APRESENTADORA, JORNALISTA,
EMPRESÁRIA, ESCRITORA,
EDITORA E PRODUTORA

DIA | MÊS | ANO

Qual é seu jeito preferido de se exercitar?
Sim, você precisa pensar em pelo menos um.

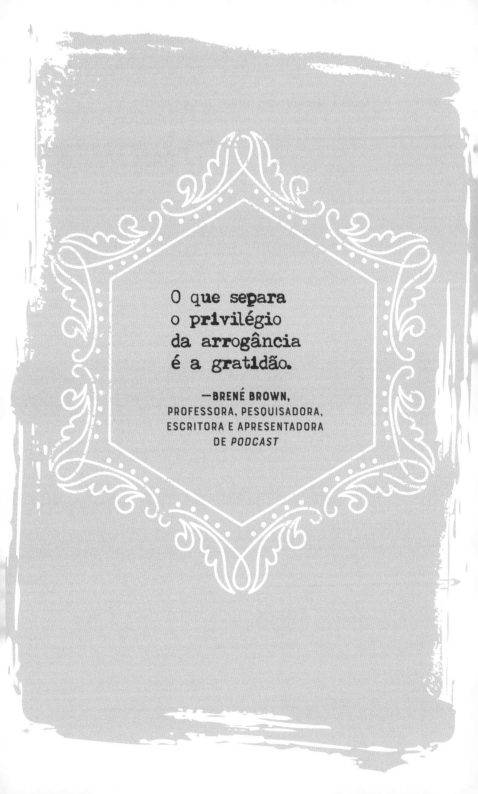

> O que separa o **privilégio** da arrogância é a gratidão.
>
> —BRENÉ BROWN,
> PROFESSORA, PESQUISADORA, ESCRITORA E APRESENTADORA DE *PODCAST*

DIA | MÊS | ANO

Descreva um momento da sua vida que foi totalmente incrível.

DIA | MÊS | ANO

Quais qualidades você merece que estejam presentes na pessoa que for sua parceira amorosa?

> A vida não é feita de minutos, horas, dias, semanas, meses ou anos, mas de instantes. É preciso **viver** cada um para depois poder apreciá-los.
>
> —SARAH BAN BREATHNACH, ESCRITORA

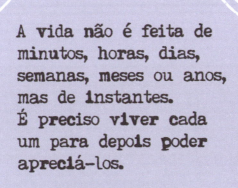

DIA | MÊS | ANO

Qual é o seu dia da semana preferido e como você costuma passá-lo?

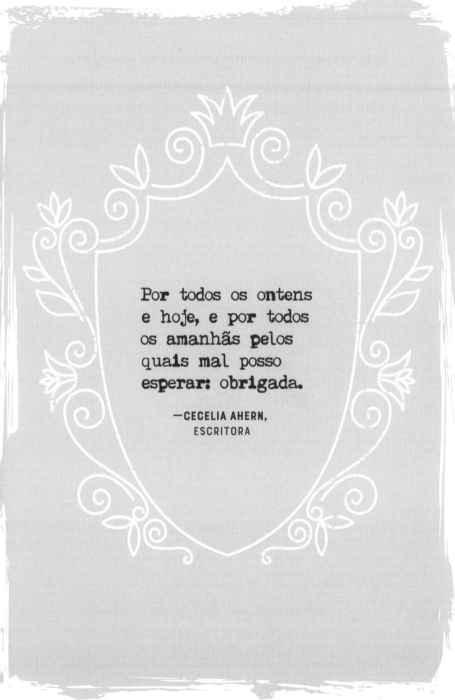

> Por todos os ontens e hoje, e por todos os amanhãs pelos quais mal posso esperar: obrigada.
>
> —CECELIA AHERN,
> ESCRITORA

DIA | MÊS | ANO

Quais são seus mecanismos de defesa mais saudáveis?

DIA | MÊS | ANO

Escreva uma carta agradecendo ao seu corpo por tudo o que ele te ajuda a conquistar.

> Se tudo fosse perfeito, a gente nunca aprenderia nada nem cresceria.
>
> —**BEYONCÉ**, CANTORA, ATRIZ, DANÇARINA, COMPOSITORA, ROTEIRISTA, DIRETORA E PRODUTORA

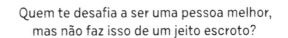

Quem te desafia a ser uma pessoa melhor, mas não faz isso de um jeito escroto?

DIA | MÊS | ANO

Que invenção moderna não existia quando você era criança e hoje torna sua vida mais fácil?

> Doar é uma expressão de gratidão pelas bênçãos que recebemos.
>
> —LAURA ARRILLAGA-ANDREESSEN, FILANTROPA

DIA | MÊS | ANO

Como você pode demonstrar para as pessoas que fazem parte da sua vida, e que não são imbecis, que você gosta delas e as valoriza?

DIA | MÊS | ANO

Cite cinco maneiras de agradecer sem usar palavras.

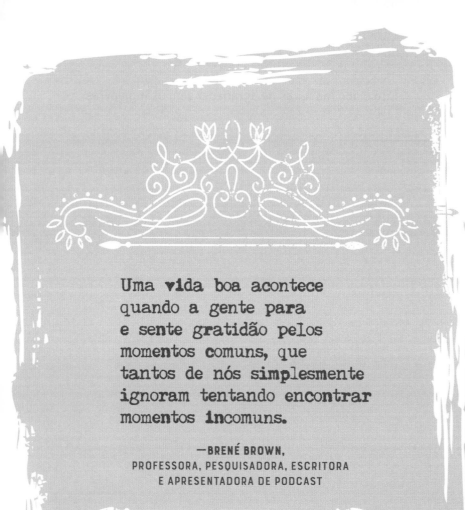

Uma vida boa acontece quando a gente para e sente gratidão pelos momentos comuns, que tantos de nós simplesmente ignoram tentando encontrar momentos incomuns.

—BRENÉ BROWN,
PROFESSORA, PESQUISADORA, ESCRITORA
E APRESENTADORA DE PODCAST

DIA | MÊS | ANO

Qual foi a última pessoa que te incentivou ou elogiou? Você disse para ela que isso significou muito para você?

DIA | MÊS | ANO

Escreva 10 coisas estressantes que fazem parte da sua vida. Ao lado de cada uma, escreva o que você pode fazer para mudá-las ou aceitá-las. Fique à vontade para gritar a qualquer momento.

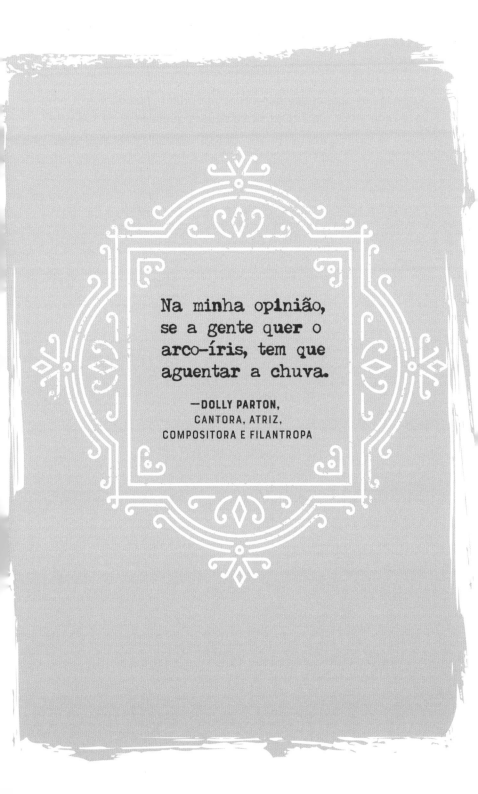

> Na minha opinião, se a gente quer o arco-íris, tem que aguentar a chuva.
>
> —DOLLY PARTON, CANTORA, ATRIZ, COMPOSITORA E FILANTROPA

DIA | MÊS | ANO

Quais são as qualidades que você mais admira nos outros? Como você reconhece o efeito positivo dessas qualidades na sua vida?

DIA | MÊS | ANO

Qual é a sua estação do ano preferida e por que ela é importante para você? O que você gosta de fazer nessa época?

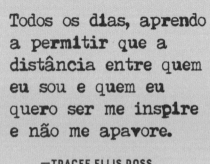

Todos os dias, aprendo a permitir que a distância entre quem eu sou e quem eu quero ser me inspire e não me apavore.

—TRACEE ELLIS ROSS,
ATRIZ, APRESENTADORA
E PRODUTORA

DIA | MÊS | ANO

Com qual coisa bem cara você gostaria de se presentear?

DIA | MÊS | ANO

Onde você cresceu e como esse lugar te transformou em quem você é hoje?

> O cinismo é uma opção. O otimismo é uma opção melhor.
>
> —SHONDA RHIMES,
> ROTEIRISTA, CINEASTA E
> PRODUTORA DE SÉRIES DE TV

DIA | MÊS | ANO

Cite uma coisa arriscada que, hoje, você se sente feliz por ter feito (mesmo que quase tenha se cagad* de medo quando fez)?

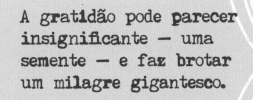

A gratidão pode parecer insignificante — uma semente — e faz brotar um milagre gigantesco.

—ANN VOSKAMP,
ESCRITORA E BLOGUEIRA

DIA | MÊS | ANO

Quais são as três atividades ou os três *hobbies* que te trazem alegria num nível Marie Kondo? Dormir não conta. Bom, talvez conte, sim.

DIA | MÊS | ANO

Cite três pessoas – que já partiram dessa vida ou não – e a quem você adoraria agradecer por terem sido de grande influência na sua vida.

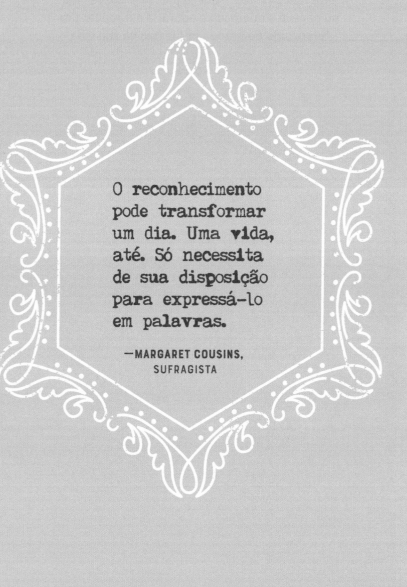

> O reconhecimento pode transformar um dia. Uma **vida**, até. Só necessita de sua disposição para expressá-lo em palavras.
>
> —MARGARET COUSINS, SUFRAGISTA

DIA | MÊS | ANO

Quais são as coisas (proibidas para menores) que você mais gosta de fazer sem ter ninguém por perto?

DIA | MÊS | ANO

Por quais liberdades você agradece?
Quem te ajudou a conquistá-las?

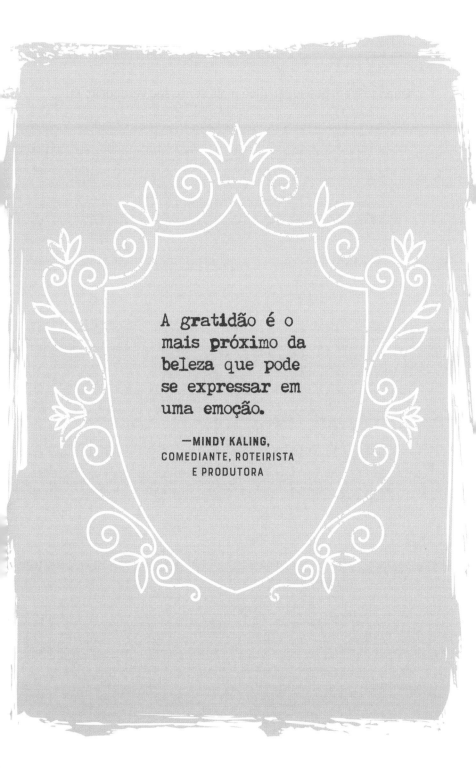

A gratidão é o mais **próximo** da beleza que pode se expressar em uma emoção.

—MINDY KALING, COMEDIANTE, ROTEIRISTA E PRODUTORA

DIA | MÊS | ANO

Quando e em que lugar você mais sente seu verdadeiro eu?

DIA | MÊS | ANO

Quando foi a última vez em que você se sentiu vulnerável? Que coisa boa aconteceu em consequência disso?

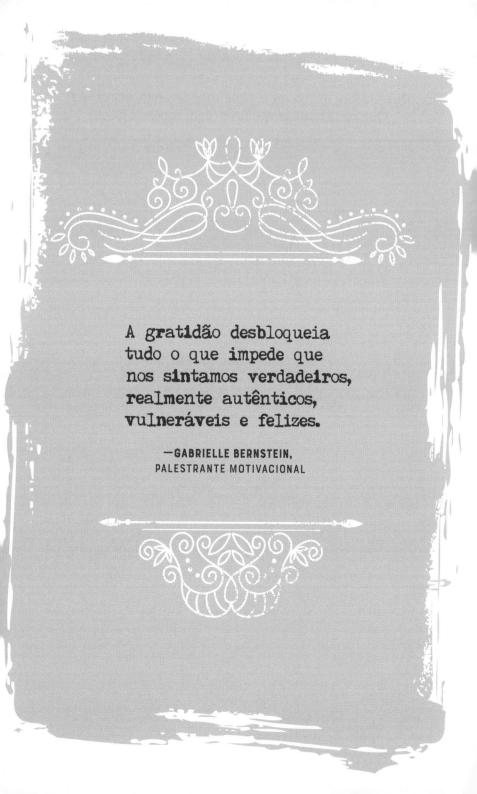

> A gratidão desbloqueia tudo o que impede que nos sintamos verdadeiros, realmente autênticos, vulneráveis e felizes.
>
> —GABRIELLE BERNSTEIN,
> PALESTRANTE MOTIVACIONAL

DIA | MÊS | ANO

Quando você sente que alcançou o sucesso?
Tirando beber as lágrimas de quem só te critica,
o que o sucesso significa para você?

DIA | MÊS | ANO

Quais foram os animais que afetaram sua vida positivamente?

> Tudo aquilo que você valorizar e agradecer vai aumentar na sua vida.
>
> —SANAYA ROMAN, ESCRITORA

DIA | MÊS | ANO

Quem ajuda a tornar sua vida menos parecida com um pesadelo e como você pode agradecer a essa pessoa?

DIA | MÊS | ANO

Qual o significado de "gratidão" para você hoje? Essa definição mudou desde que você começou a escrever neste diário?

CONTINUANDO A CRESCER

Put* merd*! Você conseguiu! Um minuto de silêncio em homenagem ao fato de ter completado este diário. Sei, tão bem quanto você, que a sua vida é corrida pra caralh*. Estou muito orgulhosa de você. Ao refletir sobre o tempo que investiu neste diário, pense no seguinte:

Quais são as três principais coisas que você aprendeu a seu respeito?

1. ....
....
....

2. ....
....
....

3. ....
....
....

Quais foram as perguntas ou propostas de reflexão que você mais gostou e que te deram vontade de escrever mais?

1. ....

....

....

2. ....

....

....

3. ....

....

....

Quais são as três coisas que mais merecem a sua gratidão?

1. ....

....

....

2. ....

....

....

3. ....

....

....

AGORA VOCÊ MANDA BEM NA GRATIDÃO. E DAÍ?

Não é por acaso que se diz *praticar* a gratidão. A gente nunca para de aprender a valorizar tudo o que tem na vida – e isso é incrível, porque é óbvio que temos pelo que agradecer e em abundância.

Ao seguir em frente, firme e forte, continue arrumando tempo para refletir e escrever um diário. Você pode criar suas próprias perguntas ou simplesmente refletir sobre o seu dia. Utilizar técnicas de *mindfulness*, meditação e manter um diário são formas efetivas de continuar sua jornada. Isso mesmo: agora você está em uma JORNADA, meu bem. Espalhe o amor também – considere a possibilidade de fazer trabalho voluntário em alguma ONG local que tenha como missão uma causa que você considere apaixonante. Ou converse com amigos sobre o que você aprendeu escrevendo em seu diário. Dê uma olhada na seção "Conheça também", ao final deste livro, para ter outras ideias de como dar prosseguimento à sua aventura com a gratidão.

Sou mais do que grata aos momentos em que a vida me derrubou porque, quando me levantei, transformei minha dor em paixão. A adversidade me presenteou com crescimento, determinação, empatia e bravura em abundância. Ela me transformou em quem sou hoje — e essa filha da mãe aqui é demais.

—TIFFANY REESE,
ESCRITORA

REFERÊNCIAS

"7 Perfect Quotes for Thanksgiving from Empowering Women" [7 frases perfeitas para o Dia de Ação de Graças ditas por mulheres empoderadoras]. *Makers* (blogue). 18 de novembro de 2016. Disponível em: www.makers.com/blog/best-thanksgivin g-quotes-gratitude-thankful

"260 Gratitude Quotes That Will Double Your Happiness" [260 frases sobre gratidão que vão dobrar sua felicidade]. *Wisdom Quotes* (blogue). Acesso em 13 de junho de 2019. Disponível em: http://wisdomquotes.com/gratitude-quotes/

Beck, Koa. "20 Quotes from Powerful Women on Gratitude" [20 frases sobre gratidão ditas por mulheres poderosas]. *Her Money*. 1 de março de 2019. Disponível em: www.hermoney.com/connect/ friends/gratitude-quotes/

"Brené Brown Quotes About Gratitude." [Frases sobre gratidão de Brené Brown]. *AZ Quotes*. Acesso em 13 de junho de 2019. Disponível em: www.azquotes.com/ author/19318-Brene_Brown/tag/gratitude

Emmons, Robert. "Why Gratitude Is Good" [Por que a gratidão é boa]. *Greater Good Magazine*. 16 de novembro de 2010. Disponível em: https://greatergood.berkeley.edu/article/item/ why_gratitude_is_good

Haden, Jeff. "40 Inspiring Motivational Quotes About Gratitude" [40 citações motivacionais inspiradoras sobre gratidão]. *Inc*. 12 de setembro de 2014. Disponível em: https://www.inc.com/jeff-hade n/40-inspiring-motivational-quotes-about-gratitude.html

Hwang, Haeik, Hyunmi Kang, Jeonghwa Tak, e Sieun, Lee. "Impact of Self-esteem and Gratitude Disposition on Happiness in Pre-service Early Childhood Teachers." [Impacto da autoestima e da disposição à gratidão na felicidade de professores assistentes da primeira infância]. *Procedia – Social and Behavioral Sciences 174*, no. 12. (Fevereiro de 2015): 3447–3453. Disponível em: https://doi. org/10.1016/j.sbspro.2015.01.1017

Martinez, Nikki. "73 Gratitude Quotes Celebrating Life, Love & Friends" [73 citações sobre gratidão celebrando a vida, o amor e os amigos]. *EverydayPower* (blogue). Acesso em 13 de junho de 2019. Disponível em: https://everydaypower.com/gratitude-quotes/

"Popular Quotes" [Citações populares]. *Goodreads*. Acesso em 13 de junho de 2019. Disponível em: https://www.goodreads.com/quotes

Welton, Kathleen. "52 Favorite Gratitude Quotes" [52 citações favoritas sobre gratidão]. *Medium*. 12 de junho de 2017. Disponível em: https://medium.com/thrive-global/52-favorite -gratitude-quotes-bbf4b09dd57d

CONHEÇA TAMBÉM

Atados.com.br Uma plataforma de voluntariado para que ONGs, voluntários e empresas possam se encontrar.

Brahmakumaris.org A organização internacional com sede na Índia pratica e ensina a meditação Raja Yoga, e todas as suas líderes espirituais são mulheres. No site, há uma série de arquivos gratuitos para download, incluindo exercícios de meditação em áudio e vídeo.

CVV.org.br O Centro de Valorização da Vida é um serviço de atendimento gratuito de apoio emocional e prevenção ao suicídio. O site traz as informações de todas as formas de atendimento, que incluem chat e e-mail.

Menteviva.org A ONG é voltada para promoção da cultura da paz em escolas, por meio de meditação e outras técnicas. O site disponibiliza áudios e vídeos gratuitos, além de guias para pais e professores e livros em PDF. A organização também disponibiliza um aplicativo para o programa destinado a crianças e adolescentes.

Querida ansiedade O aplicativo criado pela psicóloga Camila Wolf é gratuito e conta com dicas e exercícios para controlar a ansiedade. Disponível para Android e iOS.

AGRADECIMENTOS

Têm minha eterna gratidão: Michael, Jude, Ruby, Ozzy, Bobby, Ari, Alfie, Rufus, Dip Dip, Nini, Papa, Lita, MeMa, Reeses, Negrons, Smiths, Gollings, Dirties, Doyles, Greeleys, Gordons, Lewises, Trazer Verdades, Fod*-ses, Morgan Shanahan, Callisto Media, Jill Krause, meus incríveis leitores/ouvintes/BFFs da internet, Mom2Summit, Zoloft, feminismo, xampu seco, café, terapia, música, açúcar, *Seinfeld*, expressões expletivas e *haters*.

SUA OPINIÃO É MUITO IMPORTANTE
Mande um e-mail para **opinião@vreditoras.com.br**
com o título deste livro no campo "Assunto".

1ª edição, jan. 2021
FONTES Real Text Pro 9,5 /13,5 PT; Typewriter 1950 Tech Mono 14 /16,5pt;
PAPEL Offset 90g/m²
IMPRESSÃO Gráfica Santa Marta
LOTE GSM12444